Babett Kurzius-Beuster

Deutsch an Stationen Inklusion Klasse 10

Materialien zur Einbindung und Förderung lernschwacher Schüler

INKLUSION
Für differenzierten Unterricht

Auer

Die Herausgeberin:

Sandra Sommer: Förderschullehrerin, langjährige Berufserfahrung an einer Grundschule, zahlreiche Veröffentlichungen

Die Autorin:

Babett Kurzius-Beuster: Grund-, Haupt- und Realschullehrerin an einer Kooperativen Gesamtschule, Multiplikatorin für den Bereich „Individuell Fördern – Lernen begleiten"

Gedruckt auf umweltbewusst gefertigtem, chlorfrei gebleichtem
und alterungsbeständigem Papier.

1. Auflage 2015
Nach den seit 2006 amtlich gültigen Regelungen der Rechtschreibung

Illustrationen: Corina Beurenmeister, Julia Flasche, Carmen Hochmann, Steffen Jähde, Hendrik Kranenberg
Satz: Fotosatz H. Buck, Kumhausen
Druck und Bindung: Korrekt Nyomdaipari Kft, Budapest
ISBN 978-3-403-**07626**-1

www.auer-verlag.de

Inhalt

Vorwort

Bei den vorliegenden Stationsarbeiten handelt es sich um eine Arbeitsform, bei der die unterschiedlichen Lernvoraussetzungen in den zunehmend heterogenen Klassen Berücksichtigung finden. Es sind alle Themen des Bandes „Deutsch an Stationen Klasse 10“ (Bestell-Nr. 06939) enthalten. Diese wurden so verändert, dass Schüler[1] mit Anspruch auf sonderpädagogische Förderung erfolgreich damit arbeiten können. Unabhängig und vor allem in Verbindung mit dem Band „Deutsch an Stationen Klasse 10“ ist es so möglich, differenzierte Arbeitsaufträge auch beim Stationenlernen anzubieten und dadurch den Bedürfnissen aller Schüler gerecht zu werden. Im Rahmen der inklusiven Beschulung von Schülern mit Anspruch auf sonderpädagogische Förderung ist dies in allen Fächern vonnöten, um ihnen eine möglichst umfassende Teilhabe am Unterricht zu ermöglichen. Die Grundidee ist, den Schülern einzelne Arbeitsstationen anzubieten, an denen sie gleichzeitig selbstständig arbeiten können. Die Reihenfolge des Bearbeitens der einzelnen Stationen ist dabei ebenso frei wählbar wie das Arbeitstempo und meist auch die Sozialform. Vorschläge der Autorin werden durch ein entsprechendes Symbol gekennzeichnet:

 Einzelarbeit  Partnerarbeit  Gruppenarbeit

Als dominierende Unterrichtsprinzipien sind bei allen Stationen die Schüler- und Handlungsorientierung aufzuführen. Schülerorientierung meint, dass der Lehrer in den Hintergrund tritt und nicht mehr im Mittelpunkt der Interaktion steht. Er wird zum Beobachter, Berater und Moderator. Seine Aufgabe ist nicht das Strukturieren und Darbieten des Lerngegenstandes in kleinsten Schritten, sondern durch die vorbereiteten Stationen eine Lernatmosphäre zu schaffen, in der Schüler sich Unterrichtsinhalte eigenständig erarbeiten bzw. Lerninhalte festigen und vertiefen können. Handlungsorientierung meint, dass das angebotene Material und die Arbeitsaufträge für sich selbst sprechen. Der Unterrichtsgegenstand und die zu gewinnenden Erkenntnisse werden nicht durch den Lehrer dargeboten, sondern durch die Auseinandersetzung mit dem Material und die eigene Tätigkeit gewonnen und begriffen.

Ziel der Veröffentlichung ist, wie oben angesprochen, das Anknüpfen an unterschiedliche Lernvoraussetzungen der Schüler. Jeder einzelne Schüler erhält seinen eigenen Zugang zum inhaltlichen Lernstoff. Die einzelnen Stationen ermöglichen das Lernen nach allen Sinnen bzw. nach den verschiedenen Eingangskanälen. Dabei werden sowohl visuelle (sehorientierte), haptische (fühl-orientierte) als auch intellektuelle Lerntypen angesprochen. An dieser Stelle werden auch gleichermaßen die Bruner'schen Repräsentationsebenen (enaktiv bzw. handelnd, ikonisch bzw. visuell und symbolisch) mit einbezogen. Das vorliegende Arbeitsheft unterstützt in diesem Zusammenhang das Erinnerungsvermögen, das nicht nur an Einzelheiten, an Begriffe und Zahlen geknüpft ist, sondern häufig auch an die Lernsituation.

Die Materialien sind in allen Schulformen einsetzbar und berücksichtigen die in den Lehrplänen für das Fach Deutsch formulierten Kompetenzen.

Folgende Inhalte des Deutschunterrichts werden innerhalb der verschiedenen Stationen behandelt:

- Basiswissen auffrischen
- Methodentraining
- Die Werbewelt erkunden
- Kreativ mit lyrischen Texten umgehen
- Textinhalte erfassen
- Erörtern / Argumentieren / Stellung nehmen

Viel Freude und Erfolg mit dem vorliegenden Heft.

1 Aufgrund der besseren Lesbarkeit ist in diesem Buch mit Schüler auch immer Schülerin gemeint, ebenso verhält es sich mit Lehrer und Lehrerin etc.

Materialaufstellung und Hinweise zu einzelnen Stationen

Die Stationsblätter sind in entsprechender Anzahl zu kopieren und den Schülern bereitzulegen. Als Möglichkeit zur Selbstkontrolle können Lösungsseiten erstellt werden. Es wird empfohlen, dazu die Lösungen am Ende dieses Buches vergrößert zu kopieren.
Bei manchen Aufgaben ist in der Kopfzeile bereits angegeben, dass es sich um Partnerarbeit oder Gruppenarbeit handelt. Hierbei ist es unverzichtbar, dass die Kinder miteinander arbeiten. Allerdings sollte die Partnerarbeit der Einzelarbeit sowieso oft vorgezogen werden, um die kommunikative Komponente zu nutzen und zu fördern.

Basiswissen auffrischen

S. 10	**Station 3**	**Fremdwörter:** Fremdwörterbuch oder Computer mit Internetzugang
S. 12	**Station 5**	**Basiswissen testen:** ausgeschnittene und laminierte Spielkarten bereitlegen

Methodentraining

S. 13	**Station 1**	**Markieren:** Textmarker bereitlegen
S. 14	**Station 2**	**Nachschlagen:** Wortkarten laminiert bereitlegen, jeder Mitspieler benötigt ein Wörterbuch!
S. 15	**Station 3**	**Mindmap:** Station 1 muss bearbeitet sein, benötigt wird ein Heft und ein leeres Blatt.
S. 16	**Station 4**	**Plakat:** Stationen 1 und 3 müssen bearbeitet sein, Computer mit Internetzugang oder Sachbücher zum Thema, ein Plakat
S. 17	**Station 5**	**Präsentation:** Stationen 1, 3 und 4 müssen bearbeitet sein.

Die Werbewelt erkunden

S. 19	**Station 2**	**Werbung analysieren:** Die Schüler müssen einen Werbespot im Fernsehen anschauen und einen Radiospot anhören: Fernsehwerbespot und Radiowerbespot aufnehmen, Fernsehgerät und CD-Player bereitstellen oder Station als Hausaufgabe aufgeben.
S. 20	**Station 3**	**Werbetexter:** Scheren, Kleber und ein leeres Blatt bereitlegen

Kreativ mit lyrischen Texten umgehen

S. 24	**Station 3**	**Konkrete Poesie:** Computer mit Internetzugang oder einige Gedichte der konkreten Poesie bereitstellen

Textinhalte erfassen

S. 30 **Station 3** **Sachtext:** Textmarker und Heft werden benötigt.

Erörtern/Argumentieren/Stellung nehmen

S. 33 **Station 2** **Gliedern und Ordnen:** Station 1 muss bearbeitet sein.
S. 35 **Station 4** **Überzeugende Argumente:** Textmarker und Heft werden benötigt.

Laufzettel

für ____

Pflichtstationen

Stationsnummer	erledigt am	kontrolliert von
Nummer _____		
Nummer _____		
Nummer _____		
Nummer _____		
Nummer _____		

Wahlstationen

Stationsnummer	erledigt am	kontrolliert von
Nummer _____		
Nummer _____		
Nummer _____		
Nummer _____		

Station 1

Name:

Aktiv und Passiv

Aufgabe 1:

Wandelt die folgenden Aktivsätze in Passivsätze um!
Schreibt wie im Beispiel!

a) Der Dieb stiehlt das Auto.

Das Auto wird vom Dieb gestohlen.

b) Der Hund beißt Oma Hedwig.

____

c) Ich esse ein Eis.

____

d) Emma trägt ihre neue Handtasche.

____

Aufgabe 2:

Wandelt die folgenden Passivsätze in Aktivsätze um!
Schreibt wie im Beispiel!

a) Das Handtuch wird von Tim auf die Liege gelegt.

Tim legt das Handtuch auf die Liege.

b) Der Fahrradreifen wird von Lukas repariert.

____

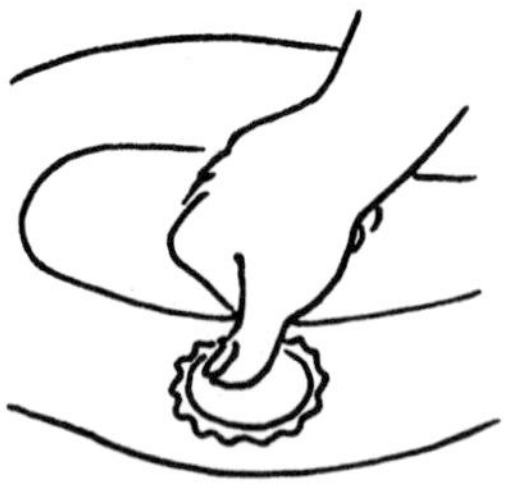

c) Ein lauter Knall wird von den Schülern gehört.

____

d) Die Milchflasche wird von Emil an die Wand geworfen.

____

Station 2

Konjunktionalsätze

Name:

Aufgabe:

1. Setzt bei den folgenden Sätzen die Kommas!
2. Kreist jeweils das einleitende Bindewort (Konjunktion) im Nebensatz ein!

Tipp: *Den Nebensatz erkennst du daran, dass der veränderbare Verbteil am Satzende steht.*

a) Britta hatte schlechte Laune, da sie nicht nach draußen gehen konnte.

b) Marta kann sich nicht konzentrieren weil Klaus die ganze Zeit singt.

c) Elias ist stolz auf seinen neuen Roller obwohl er sich eine andere Farbe gewünscht hatte.

d) Die Familie wollte abends grillen daher kaufte der Vater viele Würstchen ein.

e) Wolfgang braucht einen neuen Computer deshalb fährt er in die Stadt.

Achtung: *Nebensätze können auch am Anfang des Satzgefüges stehen!*

f) Als Nele gerade losfahren wollte sah sie ihren Hund aus dem Haus laufen.

g) Der Lehrer wollte wandern gehen doch damit waren die Schüler nicht einverstanden.

h) Dass Elena zum Fußballturnier gehen muss findet sie nicht gut.

Station 3

Name:

Fremdwörter

Aufgabe 1:

Sucht im Kasten unten zu den Fremdwörtern die richtige Bedeutung und schreibt sie in die Tabelle!
Benutzt dazu ein Wörterbuch oder das Internet!

Fremdwort	Bedeutung
Differenz	
diverse	
Individuen	
Fokus	
Objekt	
existieren	
Präsentation	
Unikat	
Perspektive	

Einzelstück verschiedene Blickpunkt
Einzelperson Blickwinkel da sein
Vorführung Unterschied Gegenstand

Aufgabe 2:

Nenne deinem Partner weitere Fremdwörter und lasse ihn die Erklärung suchen!

Name:

Relativsätze

Aufgabe 1:

Trenne die Relativsätze mit Komma ab!

Tipp: *Achte darauf, dass du bei einem Einschub immer ein Komma vor dem Einschub und eins hinter dem Einschub machen musst!*

a) Maria die heute Geburtstag hat möchte einige Freunde zum Feiern einladen.

b) Ihre Feier möchte sie im Partykeller den die Eltern neu gestaltet haben feiern.

c) Ihre Mutter die ihr eine Freude machen möchte hat nichts dagegen.

d) An die Getränke die reichlich vorhanden sein müssen hat der Vater schon gedacht.

e) Nur das Essen das vom Partyservice kommt fehlt noch.

f) Die Einladungen die Maria schon in der letzten Woche verteilt hat blieben unbeantwortet.

g) Sie macht sich Sorgen die scheinbar begründet sind.

h) Um 20:00 Uhr ist noch keiner der Freunde die sie eingeladen hat da.

i) Maria die ziemlich verzweifelt ist ist kurz vor dem Weinen.

j) 15 Minuten die ihr sehr lange vorkommen später klingelt es an der Haustür.

k) Alle Freunde die sie erwartet hat sind gekommen.

l) Sie wollten Maria einen Streich spielen der gelungen ist.

Station 5

Name:

Basiswissen testen

Aufgabe:

Teilt die Spielkarten gerecht unter euch auf!
Der erste Spieler beginnt. Er liest die Aufgabe vor!
Der Partner antwortet und bekommt, wenn die Antwort richtig war, die Spielkarte. Danach wechselt ihr!
Spielt so lange, bis alle Karten vor euch liegen!
Der Spieler mit den meisten Karten hat gewonnen!

Trenne das Wort Flaschenpost! **Fla-schen-post**	Trenne das Wort spucken! **spu-cken**	Tunwörter (Verben) werden klein-/großgeschrieben. **klein**
Nenne die persönlichen Fürwörter (Personalpronomen)! **ich, du, er, sie, es, wir, ihr, sie**	Richtig oder falsch? In einem Nebensatz steht die Satzaussage (das Prädikat) immer an erster Stelle. **falsch**	Richtig oder falsch? Haupt- und Nebensatz werden durch ein Komma getrennt. **richtig**
Eine Konjunktion ist ein Bindewort oder ein Trennwort? **Bindewort**	Nenne einige Fürwörter! (Pronomen)! **dass, obwohl, daher, weil, da, damit, sobald, wie**	Der Imperativ ist die Befehlsform oder die Wunschform? **Befehlsform**
Satzgefüge bestehen aus Hauptsatz und ____________? **Nebensatz**	Satzreihen bestehen aus Hauptsatz und ____________? **Hauptsatz**	Steigere das Adjektiv gut! **gut, besser, am besten**

Station 1

Markieren

Name: ____________________

Aufgabe 1:

Markiere im folgenden Text die wichtigsten Wörter (Schlüsselwörter)!
Diese helfen dir, die wichtigsten Informationen aus dem Text zu behalten!

Die Geschichte der Burgen

Manche steinerne Überreste sind über 1000 Jahre alt. Sie erinnern uns an die Zeit der Burgherren und Ritter, die dort lebten. Allerdings konnten nur reiche Ritter, also die, die viel Land von ihrem Herren bekommen hatten, sich eine Burg leisten. Keine Burg glich der anderen. Es gab verschiedene Burgtypen:

Die Burgen dienten als Zufluchtsort für umliegende Bauern und Bewohner bei feindlichen Angriffen. Sie wurden oft an Flüssen, Felsen oder auf Berge gebaut, damit sie schwer einzunehmen und natürlich geschützt waren. (...)

Viele Burgen waren hauptsächlich als Wohnburgen gedacht. Einige Burgbesitzer wollten mit ihrer weithin sichtbaren Burg ihre Macht und ihr Ansehen zeigen. (...)

Die ersten Burgen waren einfach gebaut und aus Holz. Man nannte sie Motten. Umgeben waren sie von einem schützenden Wall oder einem Holzzaun – der sogenannten Palisade. Die Motten standen auf einem Erdhügel. Aus den Motten entwickelten sich im 11. Jahrhundert steinerne Wohntürme. Die Holzzäune wurden durch Ringmauern ersetzt. Die Eingänge lagen sicherheitshalber im 1. Stock, den man nur über eine Leiter oder Treppe erreichte. So konnten Angreifer den Turm nur schwer erstürmen.

Zum Schutz der Bewohner gab es Wachen, die aufpassten. Sie hatten auf hölzernen Wehrgängen im oberen Bereich der Mauern den besten Überblick. Durch Schießscharten beobachteten sie die Umgebung und konnten gegebenenfalls verteidigen. (...)

Aufgabe 2:

Schreibe die markierten Wörter auf ein leeres Blatt!
Erzähle deinem Partner mithilfe der Schlüsselwörter den Inhalt des Textes!

Name:

Nachschlagen

Aufgabe:

Legt die Wortkarten mit der Rückseite nach oben als Stapel in die Mitte!
Dreht die erste Karte um! Alle schlagen gemeinsam im Wörterbuch das Wort nach!
Der schnellste Schüler ruft „Stopp“ und bekommt die Karte!
Er muss das Wort vorzeigen und alle schreiben die Wortbedeutung ab.
Der Mitspieler mit den meisten Karten hat gewonnen!

Dirigent	Fraktion	Architekt
Steuer	Parlament	Stethoskop
Diagramm	Parallele	Tempo
Rhythmus	Redakteur	Journalist

Station 3

Name: ____________________

Mindmap

Um eine Mindmap zu erstellen ist es wichtig zu wissen, welche Informationen gleich wichtig sind.
Dazu kannst du dir als Vorarbeit eine Gliederungshilfe erstellen!

Aufgabe:

Nimm den Text von Station 1 und nutze die von dir bereits markierten Wörter!
Erstelle eine Gliederung!
Fülle dazu das vorgegebene Schema in deinem Heft mit den Inhalten des Textes!

Gliederungshilfe

Thema:	Burgen
1. Gliederungsebene:	allgemeine Informationen
2. Gliederungsebene:	verschiedene Burgtypen
3. Gliederungsebene:	Nutzung der Burgtypen
4. Gliederungsebene:	zusätzliche Informationen zu den Burgtypen
5. Gliederungsebene:	Sonstige Informationen rund ums Thema

Aufgabe 2:

Erstelle nun mithilfe deiner Gliederungshilfe auf einem leeren Blatt eine Mindmap zum Thema Burgen!

Station 4

Name: ______

Plakat

Aufgabe:

Erstellt zum Thema „Burgen" ein Plakat!
Nutzt dazu den Text von Station 1, eure Mindmap von Station 3 und sucht noch zusätzliche Informationen in Sachbüchern oder recherchiert im Internet!
Beachtet dabei die folgende Checkliste!

Checkliste zur Erstellung eines Plakats!

- ☐ Überschrift!
- ☐ Groß und deutlich schreiben!
  Die Schrift muss aus 3 m Entfernung gut lesbar sein!
- ☐ Nutze Bilder zur Darstellung deines Themas!
- ☐ Informationen kurz und knapp!
- ☐ Weniger Text ist mehr! Faustregel:
  5 – 7 Wörter zu einem Themenbereich!
- ☐ Klare Struktur beim Aufkleben von Bildern!
- ☐ Kein Bild ohne Text!
- ☐ Farbkontraste sorgen für bessere Sichtbarkeit!
  (Abhebung von Plakatfarbe, Schriftfarbe und den Bildern)

***Tipp:** Erstellt zuerst eine Skizze des Plakats!*

Name: ______________

Präsentation

Aufgabe:

Präsentiert mithilfe eures Plakates das Thema „Burgen“.
Achtet beim Üben eures Vortrags (Präsentation) auf die Checkliste!
Lasst euch danach eine Rückmeldung und Tipps von euren Mitschülern geben!

Checkliste für die Präsentation!

- [ ] Erstellt Karteikarten mit Stichpunkten!
- [ ] Stellt euch vor und begrüßt die Zuhörer!
- [ ] Haltet Blickkontakt mit den Zuhörern!
- [ ] Nennt zuerst das Thema eures Vortrags!
- [ ] Redet laut und deutlich!
- [ ] Erklärt die verwendeten Fachbegriffe!
- [ ] Nutzt das Plakat zur Präsentation! (Zeigt auf Bilder)
- [ ] Bedankt euch für die Aufmerksamkeit der Zuhörer!
- [ ] Bietet die Möglichkeit für Nachfragen!

Name: ____________

Werbesprache und AIDA-Formel

Aufgabe 1:

Verbindet den Begriff aus der Werbesprache mit seiner Bedeutung!
Ihr könnt dazu im Wörterbuch oder im Internet nachschlagen!

Fachbegriff
Flyer
Headline
Slogan
Logo
Jingle
Eyecatcher
Primetime

Bedeutung
Werbespruch
loser Werbezettel
Schlagzeile
Hauptsendezeit im TV
Zeichen der Firma/Marke
Kurzmelodie
Blickfang

Aufgabe 2:

Die AIDA-Formel steht für das, was bei einem Kunden passieren soll, bevor er sich für den Kauf eines Produkts entscheidet!
Erklärt, was bei den einzelnen Phasen geschehen soll!

A (Attention)/Aufmerksamkeit: ______________________________

____

I (Interest)/Interesse: ______________________________

____

D (Desire)/Verlangen: ______________________________

____

A (Action)/Handlung: ______________________________

____

Station 2

Name:

Werbung analysieren

Aufgabe:

1. Sucht euch eine Werbeanzeige und füllt die Tabelle aus!
2. Seht euch eine Werbung im Fernsehen an und füllt die Tabelle aus!
3. Hört euch einen Werbespot im Radio an und füllt die Tabelle aus!

	Werbeanzeige	Fernsehwerbung	Radiowerbung
Welches Produkt wird beworben?			
Was sehe/höre ich?			
Inhalt der Werbung			
Was empfinde ich dabei?			
Wie wird für das Produkt geworben? Slogan/Jingle			
Spricht dich die Werbung an?			
Würdest du das Produkt kaufen?			

Station 3

Name:

Werbetexter

Aufgabe:

1. Sucht euch eines der zwei Bilder aus, schneidet es aus und klebt es auf ein leeres Blatt!
2. Entwerft einen Werbeslogan zum Bild!
3. Gebt eurem Produkt einen Namen!
4. Ihr könnt auch passende Musik auswählen oder selbst einen Jingle schreiben!

Station 4

Werbung manipuliert

Name:

Manipulieren heißt beeinflussen. Oft wird behauptet, dass Werbung manipuliert.

Aufgabe:

1. Sieh dir die Karikatur genau an!
2. Wie wurde der Junge von der Werbung manipuliert?
3. Welche Folgen hat das für den Jungen?
4. Besprich deine Ideen mit deinem Partner!

Name: ______________

Parallelgedicht

Beim Parallelgedicht werden einfach nur die Wörter des vorgegebenen Gedichtes ausgetauscht, während die Silbenanzahl und das Reimschema möglichst erhalten bleiben.

Aufgabe:

1. Lies dir das Gedicht „Wunder des Alltags“ von Hans Manz durch!
2. Verfasse dazu ein Parallelgedicht auf einem leeren Blatt!
3. Lies das Parallelgedicht deinen Mitschülern vor!

Hans Manz: Wunder des Alltags

Manchmal, da habe ich eine Angst.
Manchmal da habe ich einen Zorn.
Manchmal da habe ich eine Wut.

Manchmal, da habe ich keine Freunde.
Manchmal, da habe ich kein Vertrauen.
Manchmal, da habe ich keinen Mut.

Aber manchmal,
da kommt plötzlich jemand
und fragt mich: „Komm, du, geht’s dir nicht gut?“

Station 2

Gegengedicht

Name: ______________________

Das Gegengedicht ist eigentlich ein „Gegenteilgedicht“. Der Inhalt des Gedichtes wird genau ins Gegenteil gekehrt!
Du musst dir den Inhalt des Gedichtes klarmachen und jeden Vers ins Gegenteil umschreiben!

Aufgabe:

1. Lies dir das Gedicht „Ob ich dich liebe, weiß ich nicht “ von Johann Wolfgang von Goethe durch!
2. Verfasse dazu ein Gegengedicht auf einem leeren Blatt!
3. Lies das Gegengedicht deinen Mitschülern vor!

Johann Wolfgang von Goethe:
Ob ich dich liebe, weiß ich nicht

Ob ich dich liebe, weiß ich nicht.
Seh ich nur einmal dein Gesicht.
Seh dir ins Auge nur einmal,
Frei wird mein Herz von aller Qual.
Gott weiß, wie mir so wohl geschicht!
Ob ich dich liebe, weiß ich nicht.

Name: ______________________

Konkrete Poesie

Bei der konkreten Poesie gehört die äußere Form des Gedichts zum Inhalt. Die äußere Form stellt den Inhalt des Gedichtes dar und ist somit ein wichtiger Teil des Gedichts selbst!

Aufgabe 1:

Sieh dir das Gedicht „ordnung“ von Timm Ulrichs genau an!
Lies das Gedicht laut vor!

```
ordnung    ordnung
ordnung    ordnung
ordnung    ordnung
ordnung    ordnung
ordnung    ordnung
ordnung  unordn  g
ordnung    ordnung
ordnung    ordnung
ordnung    ordnung
ordnung    ordnung
ordnung    ordnung
```

Aufgabe 2:

Suche weitere Beispiele für konkrete Poesie!
Wähle dein Lieblingsgedicht aus und stelle es deinem Partner vor!

Station 4

Name:

Briefe zum Gedichtinhalt

Aufgabe:

1. Stelle dir vor, dein Freund oder deine Freundin schickt dir folgendes Gedicht!
2. Lies es dir genau durch!
3. Schreibe einen Antwortbrief in dein Heft!

Wilhelm Busch: Abschied

Die Bäume hören auf zu blühn,
Mein Schatz will in die Fremde ziehn;
Mein Schatz, der sprach ein bittres Wort:
Du bleibst nun hier, aber ich muss fort.

Leb wohl, mein Schatz, ich bleib dir treu,
Wo du auch bist, wo ich auch sei.
Bei Regen und bei Sonnenschein,
Solang ich lebe, gedenk ich dein.

Solang ich lebe, lieb ich dich,
Und wenn ich sterbe, bet für mich,
Und wenn du kommst zu meinem Grab,
So denk, dass ich dich geliebet hab.

Name:

Kurzgeschichte 1

Kurzgeschichten haben besondere Merkmale.
Sie haben einen offenen Anfang, das heißt der Leser ist mit dem ersten Satz mitten im Geschehen.
Sie haben ein offenes Ende, das heißt die Geschichte wird nicht zu Ende erzählt.
Sie haben einen Wendepunkt, das heißt hier geht die Geschichte anders weiter, als man es als Leser erwarten würde.

Aufgaben:

1. Lies dir den Anfang der Kurzgeschichte auf dem zweiten Blatt dieser Station genau durch!
2. Überlege mit deinem Partner, wie die Geschichte weitergehen könnte!
3. Mache dir Stichpunkte über den weiteren Verlauf!
   ⚠ Denke dabei an den Wendepunkt!
4. Schreibe mithilfe deiner Stichpunkte die Kurzgeschichte fertig!
   ⚠ Achte darauf, dass du ein offenes Ende hast!

Platz für deine Stichpunkte!

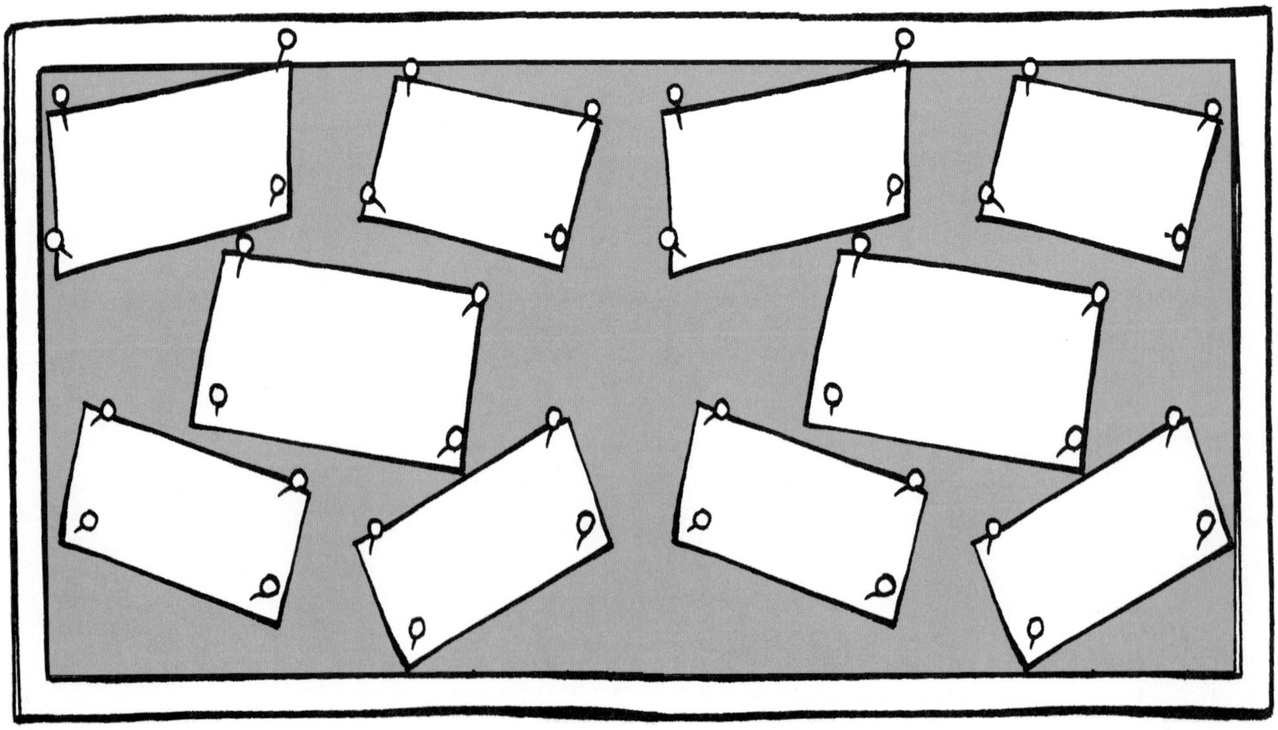

Name:

Kurzgeschichte 2

Gerhard Zwerenz: Nicht alles gefallen lassen ...

Wir wohnten im dritten Stock mitten in der Stadt und haben uns nie etwas zuschulden kommen lassen, auch mit Dörfelts von gegenüber verband uns eine jahrelange Freundschaft, bis die Frau sich kurz vor dem Fest unsre Bratpfanne auslieh und nicht zurückbrachte. Als meine Mutter dreimal vergeblich gemahnt hatte, riß ihr eines Tages die Geduld und sie sagte auf der Treppe zu Frau Muschg, die im vierten Stock wohnt, Frau Dörfelt sei eine Schlampe. Irgendwer muß das den Dörfelts hinterbracht haben, denn am nächsten Tag überfielen Klaus und Achim unsern Jüngsten, den Hans, und prügelten ihn windelweich. Ich stand grad im Hausflur, als Hans ankam und heulte. In diesem Moment trat Frau Dörfelt drüben aus der Haustür, ich lief über die Straße, packte ihre Einkaufstasche und stülpte sie ihr über den Kopf. Sie schrie aufgeregt um Hilfe, als sei sonst was los, dabei drückten sie nur die Glasscherben etwas auf den Kopf, weil sie ein paar Milchflaschen in der Tasche gehabt hatte. Vielleicht wäre die Sache noch gut ausgegangen, aber es war um die Mittagszeit, und da kam Herr Dörfelt mit dem Wagen angefahren. Ich zog mich sofort zurück, doch Elli, meine Schwester, die mittags zum Essen heimkommt, fiel Herrn Dörfelt in die Hände. Er schlug ihr ins Gesicht und zerriß dabei ihren Rock. Das Geschrei lockte unsere Mutter ans Fenster, und als sie sah, wie Herr Dörfelt mit Elli umging, warf unsre Mutter mit Blumentöpfen nach ihm. Von Stund an herrschte erbitterte Feindschaft zwischen den Familien.

(...)

Dieser Text darf nicht in neuer Rechtschreibung abgedruckt werden.

Charakteristik 1

Name:

Eine Charakteristik ist eine ausführliche Personenbeschreibung. Hier beschreibst du nicht nur das Aussehen einer Person, sondern lässt Charaktereigenschaften der Person mit einfließen. Ebenso werden Beziehungen zu anderen Personen der Geschichte dargestellt!

Aufgabe:

Schreibt eine Charakterisierung von Veitl auf ein leeres Blatt!

Wolfdietrich Schnurre: Veitl und seine Gäste

Niemand mochte ihn leiden. Er hatte ein spitzes, blasses Gesicht, war kleiner als wir, hatte schwarze Locken, abstehende Ohren, dicke Brauen und Beine, die aussahen wie Häkelhaken, so dünn waren sie. Vater sagte, er sei sehr klug, und wir sollten uns schämen, dass wir nicht mit ihm spielten; doch wir wollten uns nicht mit ihm abgeben, und Heini sagte, das fehlte gerade noch, dass wir uns mit einem Itzig[1] auf dem Buddelplatz zeigten. Ich wusste nicht, was ein Itzig war, aber Heini sagte, was Schlimmes, und darum passte ich gut auf, damit ich ihm nicht doch noch mal in den Weg liefe.

Aber einmal hat er mich trotzdem erwischt. Es war auf dem Buddelplatz; wir hatten eine Sandburg gebaut, und Heini und Bruno waren weg, Kies für die Auffahrt besorgen. Ich saß im Buddelkasten und passte auf, dass die andern Kinder die Burg nicht kaputt machten, und auf einmal sah ich ihn drüben hinterm Springbrunnen vorkommen.

Er lief mit ganz kleinen, komisch trippelnden Schritten, die Füße sehr weit nach außen gestellt, und unterm Arm trug er eine

1 veraltetes Schimpfwort für einen Juden

Name: ____________

Charakteristik 2

funkelnagelneue Schippe, die leuchtete in der Sonne und hatte einen langen, gelben Stiel, auf dem, noch das Fabrikzeichen klebte. Jetzt erkannte er mich und kam rüber. Ich sah schnell weg, aber zum Glück waren die andern Kinder alle nicht aus unserer Straße und kannten Veitl nicht. Er blieb am Rand vom Buddelkasten stehn und sagte, dass ich da aber ne schicke Burg hingesetzt hätte. Ich sagte, die hätten Heini und Bruno genauso gebaut, und ich, ich passte bloß auf, dass sie uns keiner kaputt machte. Wie das wär', fragte er, ob man denn hier einfach so losbuddeln könnte, oder ob das was koste. Nein, sagte ich, das kostet nichts. Die Sache wär' nämlich so, sagte er, er buddelte heute zum ersten Mal, sein Vater hätte gesagt: Geh man nur einfach zum Spielplatz, da findste bestimmt Kinder, die dich mitspielen lassen.

Ich war still und sah weg; ich hatte Angst, Bruno und Heini könnten zurückkommen und sehn, wie ich mich mit ihm abgab. Willst *du* nicht vielleicht mit mir spielen? fragte er da auf einmal. Ich sah erschreckt an ihm hoch, und da sah ich erst richtig, wie hässlich er war. Nein, sagte ich und schüttelte heftig den Kopf. Warum nicht, sagte er und wurde plötzlich ganz weiß. Darum, sagte ich. Da drehte er sich um und ging weg …

[…]

Name: ____________________

Sachtext

Aufgabe:

1. Lies den Sachtext genau!
2. Markiere dir die Schlüsselwörter!
3. Schreibe fünf Fragen zum Text in dein Heft!
4. Dein Partner muss diese Fragen beantworten und die Antwort im Text unterstreichen!

Schule früher

Früher gab es in den meisten Schulen nur einen Klassenraum für alle Kinder. Diese wurden von einem Lehrer unterrichtet. Oft waren es bis zu 50 Kinder aus mehreren Jahrgängen gleichzeitig. Sie mussten nach dem Alter sortiert in unbequemen Holzbänken sitzen. Wenn der Lehrer mit einer bestimmten Altersstufe arbeitete, mussten die anderen Kinder in Stillarbeit lernen, d.h. sie rechneten, schrieben oder zeichneten ohne zu reden.

Es herrschten strenge Regeln im Unterricht. Alle mussten gerade sitzen und leise sein. Die Hände mussten auf dem Tisch liegen und die Füße nebeneinander auf dem Boden stehen. Melden durfte man sich nur mit dem Zeigefinger der rechten Hand. Nur wer gefragt wurde, durfte reden. Dazu mussten die Kinder aufstehen, den Lehrer anschauen und laut in ganzen Sätzen reden.

Wenn die Kinder nicht gehorchten, wurden sie durch Schläge mit einem Rohrstock vom Lehrer bestraft. Daher gingen viele Kinder nicht gerne in die Schule oder sie konnten nicht so gut lernen, weil sie Angst vor dem Lehrer hatten.

Station 4

Name:

Journalistischer Text

Eine Zeitungsnachricht sollte immer auf die W-Fragen antworten!
Wer?
Was?
Wann?
Wo?
Warum?

Aufgabe:

1. Lies die Zeitungsnachricht!
2. Suche die Antworten auf die W-Fragen und schreibe sie auf!
3. Unterstreiche dazu die Stelle im Text!
   Wähle für jede W-Frage eine andere Farbe!

Sportpolitik Nachrichten

Wowereit zu Olympia in Berlin: „Bewerbung abgeben"

Berlin (dpa) – Berlin will definitiv eine neue Olympia-Kampagne starten. „Wir werden die Bewerbung abgeben, aber wir müssen für Akzeptanz sorgen", sagte der Regierende Bürgermeister Klaus Wowereit in einem Interview mit dem Berliner Rundfunk.

„Ich habe seit Jahren erklärt, dass Berlin bereitsteht für die Olympischen Spiele, bin aber der Meinung, dass das nur geht mit einem Schulterschluss mit dem Sport und der Bundespolitik", meinte er SPD-Politiker. Im Jahr 1993 war die Bewerbung für die Sommerspiele 2000 kläglich gescheitert.
„Wir wissen, wie stark jetzt die Vergaben auch diskutiert werden. Es kostet viel Geld und wir brauchen natürlich auch eine Akzeptanz in der Bevölkerung. Alles muss zusammenpassen. Wir werden in einer Stadt wie Berlin nie erreichen, dass alle jubeln, wenn man sagt, man macht Olympische Spiele. Trotzdem wissen wir, wie sportbegeistert diese Stadt ist", sagte Wowereit weiter. (...)

Station 1

Stoffsammlung

Name: ____________________

Als Stoffsammlung bezeichnet man eine Sammlung der Argumente und Beispiele, die zu einem Thema gehören.
Hier werden Argumente für und gegen eine These sowie Beispiele unsortiert gesammelt.

Aufgabe:

1. Schreibt zur vorgegebenen These alle Argumente auf, die dafür (pro) und dagegen (kontra) sprechen!
2. Bestimmt fallen euch passende Beispiele ein. Schreibt auch diese auf!

Argumente dafür

Argumente dagegen

These: **Jugendliche werden immer dicker, da sie zu viel Zeit am Computer verbringen.**

Beispiele dagegen

Beispiele dafür

Erörtern/Argumentieren/ Stellung nehmen

Station 2

Name:

Gliedern und Ordnen

Aufgabe:

Hier findet ihr einige Argumente, die für und gegen die These sprechen, dass zu viel Zeit am Computer dazu führt, dass Jugendliche dick werden.

1. Sortiert nach Pro- und Kontra-Argumenten (Argumente dafür und dagegen)! Kreist dazu die Pro-Argumente grün und die Kontra-Argumente rot ein!
2. Nummeriert danach die Argumente nach ihrer Wichtigkeit!

Jugendliche bewegen sich nicht genug.

Trotz der Zeit am Computer gehen viele Jugendliche in Sportvereine.

Am Computer werden häufig ungesunde Nahrungsmittel gegessen.

Jugendliche sind heute häufig sehr figurbewusst und achten auf ihre Ernährung.

Junkfood ist für das Übergewicht verantwortlich, nicht die Zeit am Computer.

Jugendliche haben mindestens zwei Stunden in der Woche Schulsport, in denen sie sich bewegen.

Jugendliche verbringen heute mehr Zeit vor dem Computer als die Jugend vor zehn Jahren.

Die Jugendlichen heute verbringen so viel Zeit vor dem Computer, wie ihre Eltern früher beim Bücherlesen.

Name: ______

Thesen, Argumente, Beispiele

Thesen sind Behauptungen, die durch Argumente und Beispiele bewiesen oder belegt werden müssen.

Argumente sind Aussagen, die zum Beweis oder zur Begründung einer Aussage genutzt werden.

Beispiele sind echte Situationen oder Aussagen, die als Unterstützung der Argumente bei einer Stellungnahme benötigt werden.

Aufgabe:

Entscheide, ob es sich bei den folgenden Sätzen um eine These (T), ein Argument (A) oder ein Beispiel (B) handelt!

a) Viele Jugendliche bevorzugen Trendsportarten, die oft in Vereinen nicht angeboten werden, weshalb die Mitgliederzahlen in Sportvereinen stetig sinken. ______

b) Für eine bessere Konzentrationsfähigkeit sollten Schüler täglich eine Stunde Sport treiben. ______

c) Wissenschaftler haben festgestellt, dass Jugendliche sich häufig nicht genug bewegen und daher zu Übergewicht neigen. ______

d) Clara hat als Schulsprecherin für gesundes Essen in der Cafeteria gekämpft. ______

e) Mediziner sagen, dass häufige Besuche im Fitnessstudio Haltungsschäden vorbeugen. ______

f) Die Rechtschreibung der Jugendlichen wird durch das viele SMS-Schreiben schlechter. ______

Name: ____________________

Überzeugende Argumente

Einfache Füllwörter können dafür sorgen, dass eine Stellungnahme aussagekräftiger wird. Sie können ein Argument abschwächen *(vielleicht)*, bekräftigen *(besonders)* oder aber auch zwei Argumente gegenüberstellen *(dagegen)*.

Aufgabe:

1. Steigere die Aussagekraft der Stellungnahme, indem du Füllwörter einfügst!
2. Markiere mit einem Textmarker die Stelle, an die du ein Füllwort einsetzten willst!
3. Schreibe den Text in dein Heft ab und füge die Füllwörter ein.

Tipp: *Du findest eine Auswahl von Füllwörtern im Kasten am Seitenende!*

Schüler haben zu viele Ferien!

Der Verband der deutschen Lehrer meint, dass Schüler zu viele Ferien haben. Viele vergessen grundlegendes Wissen während der langen Sommerferien. Drei Wochen Sommerferien sollten zum Erholen genügen. Eltern und Schüler widersprechen. Erst nach zwei Wochen fange die Erholung richtig an. Eine ganze Woche wird benötigt, um die Materialien des letzten Schuljahres wegzuräumen und die neuen Materialien zu besorgen.

Die Weihnachts-, Oster- und Herbstferien sollten auf eine Woche gekürzt werden. So würde es den 30 Urlaubstagen der Eltern entsprechen und viele hätten keine Betreuungsprobleme mehr.

generell, meistens, dennoch, trotzdem, besonders, niemals, doch, vielleicht, ziemlich, sehr, jedoch, zwar ... aber, dagegen, ebenso

Station 1: Aktiv und Passiv

Seite 8

Aufgabe 1:
b) Oma Hedwig wird vom Hund gebissen.
c) Das Eis wird von mir gegessen.
d) Die neue Handtasche wird von Emma getragen.

Aufgabe 2:
b) Lukas repariert das Fahrrad.
c) Die Schüler hören einen lauten Knall.
d) Emil wirft die Milchflasche an die Wand.

Station 2: Konjunktionalsätze

Seite 9

b) Marta kann sich nicht konzentrieren, weil Klaus die ganze Zeit singt.
c) Elias ist stolz auf seinen neuen Roller, obwohl er sich eine andere Farbe gewünscht hatte.
d) Die Familie wollte abends grillen, daher kaufte der Vater viele Würstchen ein.
e) Wolfgang braucht einen neuen Computer, deshalb fährt er in die Stadt.
f) Als Nele gerade losfahren wollte, sah sie ihren Hund aus dem Haus laufen.
g) Der Lehrer wollte wandern gehen, doch damit waren die Schüler nicht einverstanden.
h) Dass Elena zum Fußballturnier gehen muss, findet sie nicht gut.

Station 3: Fremdwörter

Seite 10

Aufgabe 1:

Fremdwort	Bedeutung
Differenz	Unterschied
diverse	verschiedene
Individuen	Einzelpersonen
Fokus	Blickpunkt
Objekt	Gegenstand
existieren	da sein
Präsentation	Vorführung
Unikat	Einzelstück
Perspektive	Blickwinkel

Station 4: Relativsätze

Seite 11

a) Maria, die heute Geburtstag hat, möchte einige Freunde zum Feiern einladen.
b) Ihre Feier möchte sie im Partykeller, den die Eltern neu gestaltet haben, feiern.
c) Ihre Mutter, die ihr eine Freude machen möchte, hat nichts dagegen.
d) An die Getränke, die reichlich vorhanden sein müssen, hat der Vater schon gedacht.
e) Nur das Essen, das vom Partyservice kommt, fehlt noch.
f) Die Einladungen, die Maria schon in der letzten Woche verteilt hat, blieben unbeantwortet.
g) Sie macht sich Sorgen, die scheinbar begründet sind.
h) Um 20:00 Uhr ist noch keiner der Freunde, die sie eingeladen hat, da.
i) Maria, die ziemlich verzweifelt ist, ist kurz vor dem Weinen.
j) 15 Minuten, die ihr sehr lange vorkommen, später klingelt es an der Haustür.
k) Alle Freunde, die sie erwartet hat, sind gekommen.
l) Sie wollten Maria einen Streich spielen, der gelungen ist.

Aufgabe 1:
Die Geschichte der Burgen
Manche steinerne Überreste sind über 1000 Jahre alt. Sie erinnern uns an die Zeit der Burgherren und Ritter, die dort lebten. Allerdings konnten nur reiche Ritter, also die, die viel Land von ihrem Herren bekommen hatten, sich eine Burg leisten. Keine Burg glich der anderen. Es gab verschiedene Burgtypen:

Die Burgen dienten als Zufluchtsort für umliegende Bauern und Bewohner bei feindlichen Angriffen. Sie wurden oft an Flüssen, Felsen oder auf Berge gebaut, damit sie schwer einzunehmen und natürlich geschützt waren. (…)
Viele Burgen waren hauptsächlich als Wohnburgen gedacht. Einige Burgbesitzer wollten mit ihrer weithin sichtbaren Burg ihre Macht und ihr Ansehen zeigen. (…)
Die ersten Burgen waren einfach gebaut und aus Holz. Man nannte sie Motten. Umgeben waren sie von einem schützenden Wall oder einem Holzzaun – der sogenannten Palisade. Die Motten standen auf einem Erdhügel. Aus den Motten entwickelten sich im 11. Jahrhundert steinerne Wohntürme. Die Holzzäune wurden durch Ringmauern ersetzt. Die Eingänge lagen sicherheitshalber im 1. Stock, den man nur über eine Leiter oder Treppe erreichte. So konnten Angreifer den Turm nur schwer erstürmen.
Zum Schutz der Bewohner gab es Wachen, die aufpassten. Sie hatten auf hölzernen Wehrgängen im oberen Bereich der Mauern den besten Überblick. Durch Schießscharten beobachteten sie die Umgebung und konnten gegebenenfalls verteidigen. (…)

Station 1: Werbesprache und AIDA-Formel — Seite 18

Aufgabe 1:
Flyer = loser Werbezettel, Headline = Schlagzeile, Slogan = Werbespruch, Logo = Zeichen der Firma/Marke, Jingle = Kurzmelodie, Eyecatcher = Blickfang, Primetime = Hauptsendezeit im TV

Aufgabe 2:
A (Attention)/Aufmerksamkeit: Der Kunde wird auf ein Produkt aufmerksam.
I (Interest)/Interesse: Es weckt sein Interesse.
D (Desire)/Verlangen: Er möchte dieses Produkt unbedingt kaufen.
A (Action)/Handlung: Er kauft das Produkt.

Station 4: Werbung manipuliert — Seite 21

2./3. Der Junge hat der Werbung für das Getränk vertraut, die mit der Aufschrift „ohne Zucker“ vorgibt, keine Kalorien zu haben. Das Getränk macht aber dennoch dick.

Station 2: Charakteristik

Seite 28/29

Die Kurzgeschichte „Veitl und seine Gäste" von Wolfdietrich Schnurre handelt von einem Jungen namens Veitl. Dieser ist nach der Beschreibung des Ich-Erzählers ein sehr kluger Junge, den trotzdem niemand leiden kann. Veitel hat ein spitzes, blasses Gesicht, kleine schwarze Locken und abstehende Ohren. Er hat dicke Brauen und dünne Beine, die aussehen „wie Häkelhaken" (Z. 3). Obwohl der Vater des Ich-Erzählers auf die positiven Eigenschaften Veitls hinweist – „Vater sagte, er sei sehr klug und wir sollten uns schämen nicht mit ihm zu spielen." (Z. 4) – wollen die Jungen auf keinen Fall auch nur mit Veitl gesehen werden. Veitl ist wegen seines Aussehens sehr unbeliebt und wird aufgrund seiner jüdischen Herkunft ausgegrenzt, jedoch sucht er Anschluss bei den anderen Kindern. Er geht mit seiner neuen Schippe zum Buddelplatz und hofft, dort mit den anderen spielen zu können. „Die Sache war nämlich so, sagte er, er buddelte heute zum ersten Mal, sein Vater hätte gesagt: Geh man nur einfach zum Spielplatz, da findste bestimmt Kinder, die dich mitspielen lassen." (Z. 26–28) Veitl ist im Umgang mit anderen Kindern nicht sehr geübt und kennt sich mit den einfachsten Spielregeln nicht aus. Es ist ihm nicht klar, ob er auf einem Spielplatz einfach buddeln darf oder ob er dafür bezahlen muss. Da er sich Freunde wünscht, wagt er den Schritt auf den Erzähler zuzugehen. „Willst du nicht vielleicht mit mir spielen?" (Z. 30) Über die Ablehnung des Erzählers ist er jedoch sehr erschrocken und geht weg. Veitl ist ein Außenseiter, der von den Eltern wegen seiner Klugheit anerkannt wird, jedoch von den Kindern wegen seines Aussehens ausgegrenzt wird. „Ich sah erschreckt hoch und da sah ich erst richtig wie häßlich er war." (Z. 31) Außerdem meiden die Kinder aus seiner Straße ihn, weil Veitl Jude ist. Sie wollen nicht mit ihm gesehen werden und es ist ihnen peinlich, wenn auch nur der Verdacht aufkommt, dass sie mit Veitl spielen würden. „Jetzt erkannte er mich und kam rüber. Ich sah schnell weg, aber zum Glück waren die andern Kinder alle nicht aus unserer Straße und kannten Veitl nicht." (Z. 18–20) Veitl scheint ein kluger Junge zu sein, der bisher wenig Kontakt zu Gleichaltrigen hatte. Die „normale" Welt und die Spiele der Kinder kennt er nicht. Scheinbar hat er jedoch den Entschluss gefasst, Freundschaften mit den Jungen aus seiner Straße zu knüpfen und daher eine neue Schippe gekauft und sich auf den Weg zum Buddelplatz gemacht. Das Gespräch mit dem Ich-Erzähler verläuft zu anfangs gar nicht schlecht, bis Veitl fragt, ob er mit ihm spielen wolle. Sicherlich wird Veitl wegen seines hässlichen Äußeren von den Kindern gemieden. Auch die Argumente der Erwachsenen, um was für einen klugen Jungen es sich handle, spielen für die Kinder keine Rolle. In den Köpfen der Jungen hat sich wohlmöglich eine Aversion gegen Veitl manifestiert, die wohl mehr als einen gemeinsamen Spielversuch braucht, um abgebaut zu werden.

Station 3: Sachtext

Seite 30

2. Schule früher

Früher gab es in den meisten Schulen nur einen Klassenraum für alle Kinder. Diese wurden von einem Lehrer unterrichtet. Oft waren es bis zu 50 Kinder aus mehreren Jahrgängen gleichzeitig. Sie mussten nach dem Alter sortiert in unbequemen Holzbänken sitzen. Wenn der Lehrer mit einer bestimmten Altersstufe arbeitete, mussten die anderen Kinder in Stillarbeit lernen, d.h. sie rechneten, schrieben oder zeichneten ohne zu reden.
Es herrschten strenge Regeln im Unterricht. Alle mussten gerade sitzen und leise sein. Die Hände mussten auf dem Tisch liegen und die Füße nebeneinander auf dem Boden stehen. Melden durfte man sich nur mit dem Zeigefinger der rechten Hand. Nur wer gefragt wurde, durfte reden. Dazu mussten die Kinder aufstehen, den Lehrer anschauen und laut in ganzen Sätzen reden.
Wenn die Kinder nicht gehorchten, wurden sie durch Schläge mit einem Rohrstock vom Lehrer bestraft. Daher gingen viele Kinder nicht gerne in die Schule oder sie konnten nicht so gut lernen, weil sie Angst vor dem Lehrer hatten.

Station 4: Journalistischer Text

Seite 31

2. Wer? Bürgermeister Klaus Wowereit
Was? Bewerbung für die Olympischen Spiele
Wann? Für die nächsten Spiele
Wo? Berlin
Warum? Berlin ist bereit, die Stadt ist sportbegeistert.

Station 2: Gliedern und Ordnen

Seite 33

1./2.:
Pro:
1. Jugendliche bewegen sich nicht genug.
2. Jugendliche verbringen heute mehr Zeit vor dem Computer als die Jugend vor zehn Jahren.
3. Junkfood ist für das Übergewicht verantwortlich, nicht die Zeit am Computer.
4. Am Computer werden häufig ungesunde Nahrungsmittel gegessen.

Kontra:
1. Jugendliche sind heute häufig sehr figurbewusst und achten auf ihre Ernährung.
2. Trotz der Zeit am Computer gehen viele Jugendliche in Sportvereine.
3. Jugendliche haben mindestens zwei Stunden in der Woche Schulsport, in denen sie sich bewegen.
4. Die Jugendlichen heute verbringen so viel Zeit vor dem Computer, wie ihre Eltern früher beim Bücherlesen.

Station 3: Thesen, Argumente, Beispiele

Seite 34

a) Viele Jugendliche bevorzugen Trendsportarten, die oft in Vereinen nicht angeboten werden, weshalb die Mitgliederzahlen in Sportvereinen stetig sinken. B
b) Für eine bessere Konzentrationsfähigkeit sollten Schüler täglich eine Stunde Sport treiben. T
c) Wissenschaftler haben festgestellt, dass Jugendliche sich häufig nicht genug bewegen und daher zu Übergewicht neigen. A
d) Clara hat als Schulsprecherin für gesundes Essen in der Cafeteria gekämpft. B
e) Mediziner sagen, dass häufige Besuche im Fitnessstudio Haltungsschäden vorbeugen. A
f) Die Rechtschreibung der Jugendlichen wird durch das viele SMS-Schreiben schlechter. T

Station 4: Überzeugende Argumente

Seite 35

Lösungsvorschlag:
3. Schüler haben zu viele Ferien!

Der Verband der deutschen Lehrer meint, dass Schüler **generell** zu viele Ferien haben. **Besonders** viele vergessen grundlegendes Wissen während der langen Sommerferien. Drei Wochen Sommerferien sollten **doch** zum Erholen genügen. Eltern und Schüler widersprechen **jedoch**. Erst nach zwei Wochen fange **meistens** die Erholung richtig an. Eine ganze Woche wird **dagegen** benötigt, um die Materialien des letzten Schuljahres wegzuräumen und die neuen Materialien zu besorgen. Die Weihnachts-, Oster- und Herbstferien sollten **ebenso** auf eine Woche gekürzt werden. So würde es den 30 Urlaubstagen der Eltern entsprechen und viele hätten **vielleicht** keine Betreuungsprobleme mehr.

Quellennachweis

S. 13 Die Geschichte der Burgen © Onlineredaktion www.wasistwas.de, TESSLOFF Verlag Nürnberg

S. 22: Hans Manz: Wunder des Alltags. Aus: Hans-Joachim Gelberg (Hrsg.), Überall und neben dir © 1986, 2010 Beltz & Gelberg in der Verlagsgruppe Beltz, Weinheim/Basel

S. 24: Timm Ulrichs: ordnung. In: konkrete poesie. anthologie. Hrsg. von Eugen Gomringer. Stuttgart: Reclam 2001 © Totalkunstbetrieb Timm Ulrichs

S. 25: Liebespaar © Netwalker – Fotolia.com

S. 27: Gerhard Zwerenz: Nicht alles gefallen lassen ... S. Fischer Verlag GmbH, Erscheinungsjahr 1972 alle Rechte beim Autor bzw. seiner Ehefrau Ingrid Zwerenz

S. 28/29: Wolfdietrich Schnurre: Veitl und seine Gäste. Aus: Wolfdietrich Schnurre: Als Vaters Bart noch rot war © 1996 Berlin Verlag in der Piper Verlag GmbH, Berlin

S. 31: Zeitungsartikel: Wowereit zu Olympia in Berlin: „Bewerbung abgeben" © Mit freundlicher Genehmigung der dpa Deutsche Presse-Agentur, Hamburg, www.dpa.de

Navigierendes Lesen

Merke: Beim navigierenden Lesen (vom lateinischen Wort *navigatio* „Schifffahrt“) kommt es darauf an, sich sowohl mit Blick auf den Inhalt (Worum geht es, welche Themen werden behandelt?) als auch mit Blick auf den Aufbau (Wie ist der Text gegliedert?) eines komplexen Textes zu orientieren und dann zu entscheiden, ob und was man genauer liest (z. B. in einem Sachbuch oder auf einer Internetseite).
Navigierendes Lesen ist vor allem eine Übungssache, d. h., es kommt darauf an, dass man folgende Fragen zunehmend „automatisch“ für sich beantwortet:

- Wie ist ein Text (Buch, Internetseite …) aufgebaut (z. B. Kapitel, Themen, Impressum, Navigationsleiste, zentrale Bilder und Texte, Rubriken …)?
- Welche zentralen Inhalte behandelt der Text? Was ist (für mich) wichtig, was dagegen völlig unwichtig (z. B. Werbung bei Internetseiten)?

AUFGABE 1

Du interessierst dich für Artikel bzw. Berichte zum Thema „Klima“. Hier siehst du die Seite „Wissenschaft“ auf der Internetseite einer Tageszeitung. Überfliege die Seite in zwei, drei Sekunden. Kreuze an, ob sich hier Artikel oder Bericht(e) zum Thema Klima finden.

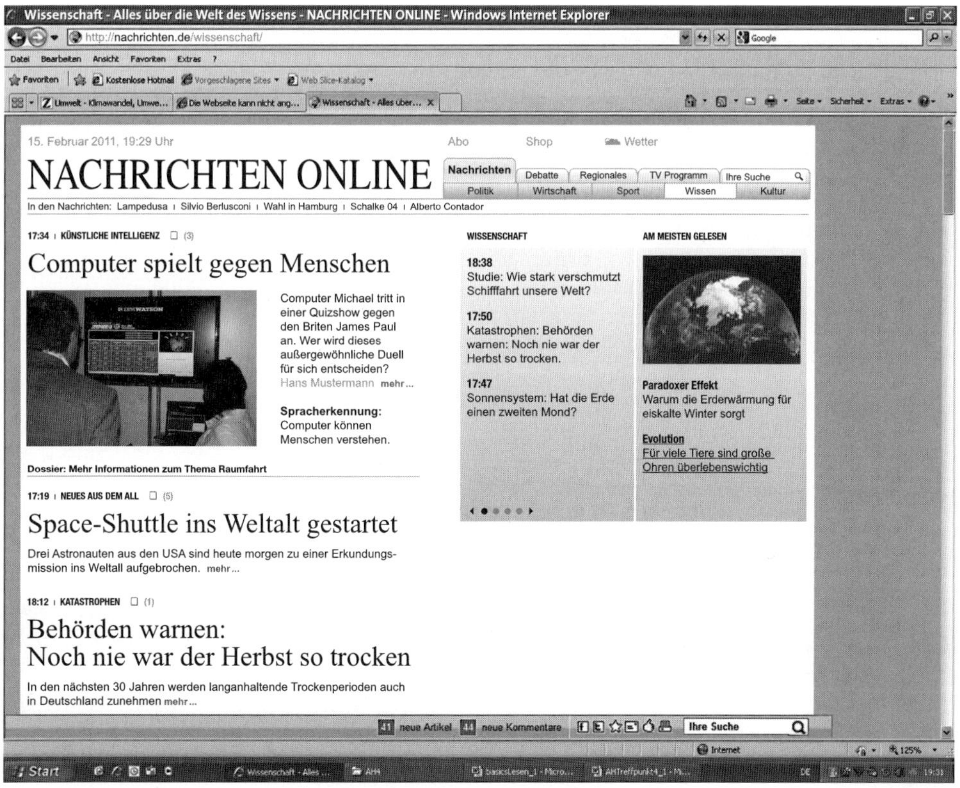
Wissenschaft - Alles über die Welt des Wissens - NACHRICHTEN ONLINE - Windows Internet Explorer
http://nachrichten.de/wissenschaft/

15. Februar 2011, 19:29 Uhr — Abo — Shop — Wetter

NACHRICHTEN ONLINE

Nachrichten | Debatte | Regionales | TV Programm | Ihre Suche
Politik | Wirtschaft | Sport | Wissen | Kultur

In den Nachrichten: Lampedusa | Silvio Berlusconi | Wahl in Hamburg | Schalke 04 | Alberto Contador

17:34 | KÜNSTLICHE INTELLIGENZ (3)

Computer spielt gegen Menschen

Computer Michael tritt in einer Quizshow gegen den Briten James Paul an. Wer wird dieses außergewöhnliche Duell für sich entscheiden?
Hans Mustermann mehr…

Spracherkennung: Computer können Menschen verstehen.

Dossier: Mehr Informationen zum Thema Raumfahrt

17:19 | NEUES AUS DEM ALL (5)

Space-Shuttle ins Weltalt gestartet

Drei Astronauten aus den USA sind heute morgen zu einer Erkundungsmission ins Weltall aufgebrochen. mehr…

18:12 | KATASTROPHEN (1)

Behörden warnen:
Noch nie war der Herbst so trocken

In den nächsten 30 Jahren werden langanhaltende Trockenperioden auch in Deutschland zunehmen mehr…

WISSENSCHAFT

18:38
Studie: Wie stark verschmutzt Schifffahrt unsere Welt?

17:50
Katastrophen: Behörden warnen: Noch nie war der Herbst so trocken.

17:47
Sonnensystem: Hat die Erde einen zweiten Mond?

AM MEISTEN GELESEN

Paradoxer Effekt
Warum die Erderwärmung für eiskalte Winter sorgt

Evolution
Für viele Tiere sind große Ohren überlebenswichtig

neue Artikel — neue Kommentare — Ihre Suche

- ☐ Die Wissenschaftsseite enthält Bericht(e) zum Thema Klima.
- ☐ Die Wissenschaftsseite enthält keinen Bericht zum Thema Klima.

Auer

Leseprobe

Navigierendes Lesen

AUFGABE 2

Du sollst ein Referat zum Thema „Leben der Ritter“ halten. Markiere im folgenden Inhaltsverzeichnis eines Buches über das Mittelalter den oder die Abschnitte, die du zu deinem Thema lesen könntest.

Einleitung
I. Bedingungen des Alltagslebens
II. Die Familie
  1. Sippe
  2. Ehe, Liebe und Sexualität
  3. Kinder
III. Kloster und Mönchsleben
  1. Geschichte des Mönchstums
  2. Die Klostergemeinschaft
  3. Das Klosterleben
IV. Bäuerliches Leben
  1. Grundherrschaft
  2. Bauernhof, Dorf und Markt
V. Rittertum und höfisches Leben
  1. Die mittelalterliche Burg
  2. Das hochmittelalterliche Rittertum
  3. Das höfische Leben
VI. Stadt und Bürgertum
Resümee
Anhang

AUFGABE 3

Sieh dir nun noch einmal die Internetseite „Wissenschaft“ der Tageszeitung genauer an (ca. eine Minute). Kreuze anschließend an, welche Aussagen über den Inhalt und den Aufbau der Seite richtig bzw. falsch sind. Wenn du nicht sicher bist, kannst du die Seite erneut ansehen.

		richtig	falsch
a)	Die Navigationsleiste der Seite befindet sich am rechten äußeren Rand.		
b)	Die Seite enthält nur einen Bericht, der mit dem Thema Klima zu tun hat.		
c)	Am rechten Rand der Seite befinden sich Links zu verschiedenen Rubriken.		
d)	Die Seite enthält keine Werbung.		
e)	Am unteren Bildschirmrand findet sich ein Link zum Impressum der Seite.		
f)	Die Schlagzeile (das „Topthema“) bezieht sich auf einen Computer, der in einer Quizshow gegen Menschen antreten soll.		
g)	Die Seite enthält oben rechts ein Suchfeld, mit dem man die Seite nach bestimmten Begriffen durchsuchen kann.		

AUFGABE 4

Besuche die folgenden Homepages überregionaler Tageszeitungen. Prüfe zunächst, ob sich auf der jeweiligen Homepage ein Bericht zum Thema Klima findet, dann ob die Seite einen Link zum Ressort Wissenschaft oder Wissen enthält. Ist dies der Fall, dann folge dem Link und prüfe, ob sich dort ein Bericht zum Thema Klima findet. Kreuze entsprechend in der Tabelle an. Versuche, so schnell wie möglich zu arbeiten; notiere, wie lange du gebraucht hast.

Internet-Adresse	Bericht zum Thema Klima auf Startseite	Link zum Ressort Wissenschaft oder Wissen	Bericht zum Thema Klima auf Ressortseite
www.sueddeutsche.de	ja ☐ – nein ☐	ja ☐ – nein ☐	ja ☐ – nein ☐
www.faz.net	ja ☐ – nein ☐	ja ☐ – nein ☐	ja ☐ – nein ☐
www.fr-online.de	ja ☐ – nein ☐	ja ☐ – nein ☐	ja ☐ – nein ☐
www.zeit.de	ja ☐ – nein ☐	ja ☐ – nein ☐	ja ☐ – nein ☐
www.nzz.ch	ja ☐ – nein ☐	ja ☐ – nein ☐	ja ☐ – nein ☐
www.welt.de	ja ☐ – nein ☐	ja ☐ – nein ☐	ja ☐ – nein ☐